RÉFUTATION
D'ÉCRITS
CONTRE
D'AUGUSTES PERSONNAGES,

LA
GARDE NATIONALE
ET
SEIZE DÉFENSEURS DE LA CHARTE;

PRÉCÉDÉE
DE
FAITS
Opposés à des Biographies;

PAR

J.-M. POULAIN-LAFURTIÈRE. (*)

La postérité croit des calomnies non réfutées par des contemporains. (ERAMBUR.)

L'ESSAI que nous soumettons aux *Amis* de la *Charte* de 1830, est divisé en *quatre chapitres*, dont le premier est la copie littérale de la troisième édition de l'ouvrage d'un *Publiciste* (25 juillet 1830.)

(*) Chez l'*Auteur*, rue *Saint-Jacques*, n.º 92, à *Nantes* (Loire-Inférieure.)

1

Chapitre I.er — Faits opposés aux Biographies de MM. *Besson*, *Laroche*, *Michaud*, *Graney*, de *Félez*, etc., sur MM. de *Beedeliëvre*, de *Villette*, *Barbot*, etc.

Chap. II. — Considérations sur les ouvrages de MM. *Montjoie*, *Mallet-Dupan*, *Pelletier*, *Royou*, de *Ladvèze*, *Gautier*, de *Rivarol*, du *Rosoy*, de *Lauraguais*, *Richer-Sérisy*, etc., contre **S. M.** et ses Frères et Sœur.

Chap. III. — Examen de mensonges publiés contre MM. de *Lafayette*, *Athalin*, *Lanjuinais*, *A.* de *Laborde*, de *Mortemart-Boisse*, *Guillon*, de *Sémonville*, *C. E.* de *Valazé*, *Target*, *A. Pieyre*, *T.* de *Rumigny*, *Lautour-Mézeray*, *Sébastiani*, de *Montesquiou*, de *Pommereul*, *E.* de *Girardin*, etc.

Chap. IV. — Utilité de la Garde Nationale.

Convoquez ce que la société a de plus gangrené et de plus absurde, la première délibération de cette autorité burlesque portera le renversement des *Temples*, la diffamation du Prince, de sa Branche, de la Garde Nationale, des Chambres, des hommes les plus méritants, des forces légales et répressives, la proscription des lumières, le mépris pour les arts, l'extinction des réverbères et le triomphe de l'anarchie.

Le *plan* et le *but* de la **Réfutation** sont dans notre *titre* et dans l'épigraphe suivante des *Institutions*. (*Réfutation*, chap. 1, *note*, p. 8.) « La Garde Nationale, première épée de la Loi et les dignes Rejetons de la bienfaisante Fille de notre *Penthièvre*, professent, avec *Malesherbes*, que le sort des calomniateurs devrait être celui des homicides. » (*Réfutation*, chap. 1, p. 3.)

Comment réfuter des énergumènes condamnés à ne jamais se douter du luxe de leur impudence ? Opposons-les à eux-mêmes ; « la meilleure satyre de mauvais tableaux est de les mettre au grand jour. » (1).

G. Fally, en réfutant (27 sept. 1822) la *Biographie de Besson*, n'a fait que développer notre épigraphe. Le courageux auteur d'un *Mémoire* (23 déc. 92) pour un bon Roi, ne s'attendait pas à l'apostrophe suivante de M. *Graney*, qui, malgré son anodine brochure, intitulée : *Religieux respect dû à la Vieillesse*, dit :

« L'octogénaire *Fally*, en qualité d'ex-marchand (2), a le triste privilège de déraisonner en faveur de la *populace* et de

---

(1) Troisième édition d'*Henri IV, modèle des Gouvernants et des Gouvernés*. (*Réfutation* chapitre 1, *Note*, page 8.

(2) « Je ne connais de *grand* que ce qui est utile. On ne réussira point à avilir ceux que tous les Gouvernements sages honorent et encouragent. Dieu fit le monde, et le négociant le vivifie et l'embellit. » (*Code des Prises et du Commerce de Terre et de Mer* in 4°., formant 1851 pages, petit-texte. *Paris*, impr. *Valade*. — 1804.)

la *canaille*, mais pourquoi emprunter un texte à un septuagé-
naire en enfance et inconnu, pour le mettre en tête de son
chiffon, publié à Nantes chez *Gaudin* ? *Villete* et *Becdelièvre*
en ont gratifié leurs ex-vassaux. L'armateur *Soubzmain* devait-il
tolérer que l'on trompât et pervertît ses administrés et ses
collègues, les *gens de lettres de change* ? »

Il n'y a ni *populace* ni *canaille* parmi les *Français* laborieux.
D'où vient la dévotion de M. *Graney* aux calomniateurs ? Les
redoute-t-il, ou est-il de leurs cotteries.

M. *Soubzmain*, qui sacrifie tous ses intérêts aux Nantais, ne
s'est jamais érigé ni en chancelier, ni en inquisiteur du Parnasse.
Ce magistrat n'avait aucune juridiction en 1822. LOUIS-PHILIPPE,
d'après le vœu d'une cité (elle sait juger les personnes et les
choses), a élevé à la dignité stérile de Maire celui qui fut
souvent la Providence visible du mérite oublié et persécuté,
et toujours celle des indigents.

M. *Graney* n'a pas des formes moins acerbes avec ceux qui,
comme moi, vivent dans une heureuse obscurité. S'il est hors
des convenances de parler de soi, il est permis de s'expliquer
sur une démarche dont les écrivains les plus distingués ne
rougiraient point.

Le besoin que mon cœur éprouve d'être vrai et le sentiment de
ma faiblesse m'ont fait soumettre le *manuscrit* de la RÉFUTATION
à des Littérateurs moraux et dévoués à la Charte de 1830. Des
esprits inquiets ont cherché à exploiter un ouvrage qui ne
paraît qu'après avoir été jugé par mes pairs. Les brouillons ont
agi et fait agir dans l'ombre ; un Breton répond en mettant sa
brochure *signée* en regard de déclamations anonymes.

On ne nous accusera plus de morceler les passages des adver-
saires, en les analysant : nous nous condamnons à les transcrire ;
ils sont, avec nos réponses, dans les Chapitres II, III et IV.

M. *Graney* me demande *ma pensée*; je n'en suis comptable
qu'au Souverain Juge, à mon Pays et à la Dynastie de 1830 ;
cependant je serai franc avec un ennemi, comme je le fus toujours
avec ceux qui m'honorèrent de leur amitié. Le 24 juillet 1830,
j'écrivais aux détracteurs de *C. de Villette :*

Aimer et révérer DIEU ; protéger également tous les cultes sans
indifférence pour la Religion paternelle ; défendre la Charte, les
droits qu'elle consacre et la Liberté pour tous et en tout ; maintenir
l'obéissance à la loi, au monarque et à leurs organes; conserver ou
rétablir l'ordre ; seconder la ligne dans la défense des côtes et des
frontières ; assurer l'intégrité de notre territoire, en faisant revivre
la Garde Nationale et ses couleurs ; utiliser toutes les classes qui
font le mal quand elles ne font pas le bien; secourir les infortunés;
rapprocher les distances sans nuire à une légale et salutaire
subordination; museler les anarchistes, quelle que soit leur enseigne;

signaler le mérite qui se cache ; démasquer (en signant) les parjures, les traitres, les bi-langues, les intolérants, et maintenir la concorde entre enfants de la même Patrie, telle est ma profession de foi religieuse et politique. Tout me dit que les *Lafitte*, les *C. Perrier*, les *Luynes*, les *B. Delessert*, les *Lobau*, les *Salverte*, les *Fabvier*, les *Broglie* et les *Odillon-Barot* ont la même idée d'une Charte, violée par *Peyronnet* et consorts. L'expulsion d'un ministère absurde et oppresseur fera refondre le pacte social. (Examen de la 3e édition des FAITS adressé à M. de *Polignac*)

Ils sont les plus aveugles ou les plus cruels ennemis de la France ceux qui conseillèrent le licenciement d'une force, composée de tous les citoyens qui n'ont pas le pénible honneur de faire partie de l'armée.

Quoique les objections suivantes et les réponses qui doivent les suivre appartiennent au *second chapitre*, elles doivent trouver leur place ici pour la parfaite intelligence du premier chapitre, auquel nous n'avons rien changé.

1.re *Objection.* -- En publiant (29 octobre 1830) 8 pages sur les *Forêts*, *Lafurtière* est sorti de son sujet et en sort dans sa *Réfutation manuscrite*, dont la nullité est assez prouvée par les passages suivants :

L'auteur de *Louis XVI et ses défenseurs pulvérise* les absurdes atrocités contre *Louis-Philippe*, ses Frères et Sœur, les marquis de *La Fayette*, de *Sémonville* et de *Villette*. Ce qui concerne ces sept personnages est extrait de la *Défense préliminaire de Louis XVI*, signé : *F.-N. Foulaines*. La dernière livraison fut publiée, le 24 décembre 1792, chez *Montmignon-Dodoucet*, rue *St.-Benoit*, à Paris. Il fallait citer les passages du pubiciste et laisser aux historiens le privilège de juger s'il y avait *pulvérisation* ou pelotage en attendant partie.

Réponse. Je n'ai point empiété sur les droits du Public. J'ai copié et devais copier les textes dans mon chapitre II. Pouvais-je me tromper, ou tromper la postérité ? Non. S'il y avait erreur de ma part, il faudrait l'attribuer au véridique *Lanjuinais*, dont les versions sont identiques avec celles d'un grand nombre de ses collègues à la constituante et à la convention.

La seconde édition de la *Défense* a été tirée à 2,000, en 1818, chez *Migneret*, rue du Dragon, F. S. G., n.o 20, à Paris, (223 pages *in-8 o*) Presque tous les exemplaires de cette défense (elle forme le N.o XI.) furent achetés par le chancelier de la douairière d'*Orléans*, qui en fit l'envoi officiellement à toutes les cours de l'Europe. Le 22 avril 1818, l'auteur fit (en présence du général baron *Athalin* et de M. *A. Pieyre*) hommage de 20 exemplaires à *Louis-Philippe* I.er. Les courtisans n'ont pu oublier l'honorable motif d'une disgrâce éclatante et de l'exil qui relégua un écrivain infléxible à Guérande et à Nantes ; il opta pour le chef-lieu de la Loire-Inférieure.

2.me *Objection.* — **On ne trouve nulle part l'oraison funèbre** anticipée et attribuée par *Lafurtière* à *Courrier*, qui n'a jamais existé.

Réponse. — *C. Gardeton*, auteur des *Lettres sur l'Amour de la Patrie*, etc. de la *Révolution de Juillet* 1830 et d'autres ouvrages, a consigné ce qui suit, pages 39 et 40 de ses 108 pages imprimées en 1830, chez *Chassaignon*, rue Gît-le-Cœur, n.° 7, à Paris.

G. Courrier, continuellement insulté par MM. *Laroche* et *Graney*, a prouvé que les êtres imaginaires ne donnent pas de *leçons touchantes* à des fabricateurs de libelles. Qui se respecte, ne loue point un Souverain vivant ; mais si, élevé sur le pavois par la volonté souveraine de la nation, il est calomnié par des ignorants qui n'ont que des parchemins non enluminés par leurs services militaires ou administratifs, il est juste de leur opposer ce que le *Vigneron P.-L. Courrier* imprimait en 1822 :

« Plus les niais, peints de main de maître par *Béranger*, déchirent l'*Ami* et l'*Élu* du *Peuple*, plus il faut opposer aux *Carabas* un homme sans ambition... J'aime le duc d'ORLÉANS parce qu'étant né Prince, il daigne être honnête homme. Il ne m'a rien promis, mais le cas avenant, je me fierais à lui, et, l'accord fait, je pense qu'il le tiendrait sans fraude, sans en délibérer avec des gentils-hommes ni en consulter des jésuites. Voici ce qui me donne cette opinion :

» Il est de notre temps ; de ce siècle, non de l'autre, ayant peu vu l'ancien régime. Il a fait la guerre avec nous ; d'où vient qu'il n'a pas peur des sous-officiers ; et depuis, émigré malgré lui, jamais il ne combattit contre nous ; sachant ce qu'il devait à la terre natale, et qu'on ne peut avoir raison contre son pays. Il sait cela et d'autres choses qui ne s'apprennent guère dans le rang où il est. Son bonheur a voulu qu'il en ait pu descendre, et, jeune, vivre comme nous.

» De Prince, il s'est fait homme. En France, il combattait nos communs ennemis ; hors de France, il a travaillé pour vivre. De lui n'a pu se dire : *rien oublié, rien appris.* Les étrangers l'ont vu s'instruire, et non mendier. Il n'a point prié *Pitt* ni supplié *Cobourg* de ravager nos champs, de brûler nos villages pour venger les châteaux. De retour, il n'a point fondé des messes, des séminaires, ni doté des couvents à nos dépens ; mais sage dans sa vie, dans ses mœurs, il a donné un exemple qui prêche mieux que les missionnaires.

» C'est un homme de bien. Je voudrais que tous les Princes lui ressemblassent ; aucun d'eux n'y perdrait, et nous y gagnerions.

S'il *gouvernait*, il ajusterait bien des choses, par la sagesse qui est en lui et par une vertu trop peu célébrée. C'est une *économie*, qualité que l'on veut *bourgeoise*, que la cour abhorre dans un Prince, mais à nous si précieuse pour nous administrer, qu'avec elle je le tiendrai quitte quasi de toutes les autres.

« Je ne suivrai pas un homme, ne cherchant pas fortune dans les révolutions qui se font au profit de quelques-uns. Né dans le peuple, j'y suis resté par choix, et quand il faudra opter, je serai du parti du peuple. »

Imprimerie d'HÉRAULT, rue de Guérande, à Nantes.

RÉFUTATION

D'ÉCRITS

CONTRE

D'AUGUSTES PERSONNAGES,

LA

GARDE NATIONALE

ET

SEIZE DÉFENSEURS DE LA CHARTE;

PRÉCÉDÉE

DE

FAITS

Opposés à des Biographies;

Par LAFURTIÈRE.

Tolérer la calomnie , c'est mériter d'en être la victime.
(CARONDELEY.)

CHAPITRE I.er (1)

Faits opposés aux *Biographies* de MM. *Besson*, *Laroche*, *Michaud*, *Graney* et de *Félez*, sur MM. de *Becdelièvre*, de *Villette*, *Barbot*, etc.

Foy, *B. de Constant*, secondés par *Horace-Béranger*, célébrèrent ceux qui se sacrifièrent à la chose publique, et démasquèrent les détracteurs de tout ce qui est utile.

---

(1) Par le Chevalier de FOULAINES , rue de *la Rosière* , n.° 4, à *Nantes*. [Loire-Inférieure.]

EXTRAIT

De la *seconde édition* de l'ouvrage de *G. Fally*, intitulé : *De la Biographie de Besson.*

Page 3. — La *Morale en Action*, qui doit entrer dans le plan d'Education des Princes , doit-elle être calquée sur la *Biographie* de Besson et sur celle de ses plagiaires *Graney* , *Besson* , de *Félèz* , *Rausemon-Laroche* , etc. ?

MM. *Lambert* , *Desclouzeaux* , *Clionville* , *Meilliard* , de *Carondeley* , *Denis* , de *S. Heyrem* , *Erambur* et tous ceux qui ont écrit sur le même sujet « demandent que l'on compose une *Morale en Action* consacrée exclusivement aux *faits* qui *honorent la France.* » C'est le vœu du duc d'ORLÉANS , qui a deviné et qui suit son siècle ; c'est celui de son auguste Compagne, de la comtesse de *Mallet* et du vertueux et savant abbé *Guillon* , professeur d'éloquence sacrée.

L'exécution répond - elle à l'importance d'un livre annoncé avec emphase ?

Non ; M. *Laroche* a fait sa macédoine, en compilant la *Biographie Moderne* , réputée imprimée en 1807, à Léipsik , chez *P.-L. Besson.* Il a très-souvent cité des absurdités ; avant de les faire colporter , ne devait-il pas vérifier s'il copiait des calomnies ?

Page 4. — Ceux qui ont la jaunisse voient jaune ; aussi M. *Laroche* s'écrie-t-il : « Qu'a fait *J.-J. Barbot* pour avoir l'ordre de *St-Louis ?* On ne doit rien au bourreau du général Marigny. » Tous ceux qui ne perdirent jamais M. *Barbot* de vue , ont réfuté M. *Besson.* Son insigne calomnie est suivie d'articles irréfléchis de M. *Michaud.* Dans sa lettre (27 octobre 1820), ce typographe prend l'engagement de démentir l'auteur , ce qu'il n'a pas fait.

Les mauvais exemples ne sont que trop souvent imités. La *Biographie* de *Besson* fournit à *Laroche* une sortie virulente contre M. de *Becdelièvre. Laroche* cite (d'après le tome 1er, 3e édition, pages 194 et 323) des anecdotes ridicules et fausses.

Place pour un *fait* détaillé, dans la *Rectification* des *Articles* relatifs à l'abbé *Guillon* et à MM. de *Rohan-Chabot, A.* de *Montesquiou* , de *Rumigny* , d'*Andigné* et des *Corches-de-Sainte-Croix...* La preuve que « *G. Cadoudal* n'a point fait fusiller M de *Becdelièvre*, pour avoir trahi » résulte de ce que le défenseur de *Pichegru* , de *Lemercier* et de *Cadoudal* le jeune a écrit de Londres (8 juillet 1808) à M de *Carondeley.* Sa lettre (l'original est dans mes mains) porte :

Le Marquis de *Becdelièvre-Coutances* a été tué à Oudon , par les républicains..... Le jour de la condamnation de *Georges*, je descendis à la Conciergerie avec M. *Dommanget*, qui plaida pour cet infortuné.

Page 5. — Son conseil lui demanda ce qu'il pensait de MM. de *Becdelièvre* et de *B...* ? Il répondit : les Jacobins ont tué le premier, à Oudon ; ils assassineront le second, parce qu'ils ne pardonnent point d'être éclairés, riches et fidèles à Dieu et au Roi. Le Duc de *Polignac* et son frère, le Marquis de *Rivière*, mon ami d'*Hozier*, les défenseurs *Dommanget*, *Billecoq* et *Guichard* ont, comme moi, entendu ce langage.....

Un homme qui a toujours cru au Souverain Juge, devant lequel il va paraître, est aussi digne de foi qu'un brocheur d'articles qu'il ne signe point. Les livraisons de ces manœuvres en littérature doivent, comme les fourgons, partir pleines ou vides, aux jours et heures indiqués dans leurs fastueux prospectus... Le *Journal de l'Empire*, de deux ou trois jours après la condamnation, porte la liste officielle des accusés et de ceux qui plaidèrent.....

Je démontrerai la fausseté de l'odieuse inculpation contre l'honorable victime d'Oudon. M. de *Becdelièvre*, charitable, comme le grand Evêque de Nîmes, et brave comme ses ancêtres, se montra toujours digne du nom auquel sa vie et sa mort ajoutent un nouvel éclat... Le Ch.^{er} F.-N. de FOULAINES.

Les individus qui, à l'appétit des souscriptions, déversent, de leur autorité privée, le blâme sur leurs contemporains, publient, sans nom d'imprimeur, la chronique scandaleuse. Ils devraient se rappeler que l'immortel *Malesherbes* dit : « Lorsque l'Europe aura un code, le sort du calomniateur y sera celui de l'homicide ». Aiment-ils le Roi et la Patrie, les agitateurs qui ne cherchent qu'à éterniser les haines ? Livrons à l'oubli et aux remords ceux qui firent le mal ; mais que les Français morts pour la cause sacrée, revivent dans les pages impartiales qui doivent instruire nos neveux, et le BOURBON qui fera leur bonheur.

Page 6. — Il était vrai avec lui-même et avec les autres, ce *Georges Cadoudal*, qui, en entendant son arrêt, s'écria, avec un sage : « Il est un seul Tout-Puissant, de qui toutes choses procèdent, et vers qui elles remontent, si elles ne sont pas dépravées ». Les faits relatifs aux autres Français, également calomniés par les foux sérieux que *Besson* salarie, sont rétablis avec l'indépendance littéraire dans les *Institutions*, citées page 2.

Besson dit (1) : « Sans sacrifier la vérité, j'ai fait en sorte que les personnages les plus intéressés à la cacher ne puissent trouver dans une narration de faits notoires la moindre trace

---

(1) *Avis prélim.*, t. premier, p. vj.

de haine ou de malignité ». Être vrai est le premier devoir d'un historien ; nous aimons à ne pas le supposer haineux ; son style n'annonce point un *malin*, et il lui était permis de gourmander *ceux qui ont intérêt à cacher la vérité*. L'on mérite d'être attaché au carcan de l'opinion publique, lorsqu'au mépris des titres les plus authentiques, des faits les plus notoires et des services les plus signalés, on tente d'y mettre des personnages *sans reproche*.

La *Morale en Action*, que la France attend, ne doit être puisée que dans des titres originaux et non contestés. Un historien ne doit rien publier sans pouvoir signer qu'il a les preuves. Il doit créer et non copier, et ne pas imiter les pervers ou les sots, qui, à défaut de talents, *ne font des livres qu'avec des livres..* . Jamais la jeunesse ne fut plus studieuse et plus instruite ; cependant il est facile de l'égarer. On perpétuerait la calomnie contre les familles les plus méritantes, si, dans des biographies, on était l'écho des corsaires ; ils ne se font des réputations et des rentes qu'en martelant des libelles, par ordre alphabétique...

Page 7. — En tête de la réfutation annoncée, est un obélisque, avec ces mots : *La mia drittura mi sostienne* ; au dessous, une fusée montant, et *Pereo dùm luceo*. Le dessin de cette gravure a été esquissé (27 avril 1822) sur une pierre de la tour d'Oudon, par un écrivain qui partage les regrets de tous les royalistes et de la maison de *Becdelièvre*.

Ce que *Besson* n'a osé articuler, il le fait balbutier par MM. *Graney* et *Laroche*, qui, avec le ton le plus tranchant, déclarent que « Les féodaux n'attribuent les belles actions qu'aux hommes du privilège ; que jamais M. *Becdelièvre* ne fit ce que la notoriété attribue au Maréchal de *Catinat*, et un ignorant, plus un fabricant de drames, à l'Archevêque d'Auch ».

La réponse à cette ineptie est dans la lettre suivante, de l'Auteur des *Institutions*, au Marquis de *Lally-Tolendal* :

... *Fénélon* étudia son élève, et se traça une nouvelle route. Convaincu que les débitants de longues mercuriales sont rarement écoutés, il dissémina la *Morale* dans des Anecdotes, parce qu'elles se retiennent.

A propos d'*Anecdotes*, *Belle et Bonne* (1), qui connaît votre tête et votre cœur, me recommande de vous envoyer le fait authentique du *Tableau*, acheté par M. de *Nîmes* ; les vers de M. *Crosnier*, et ce que j'ai publié le 24 décembre 1792, sur l'Education des Demoiselles.

Il m'en coûte de parler de ce qu'une extrême indulgence a dit de deux discours, oubliés par les ministres, qui m'expédient force fumée et point de trufes. Je vous envoie les vers, parce que notre bon *Villette* y est justifié, comme conventionnel, et

---

(1) Surnom donné par *Voltaire* à la marquise de Villette, née de *Varicourt.*

parce que vous y êtes peint, comme la postérité peindra le *défenseur* de son *Roi* et de son *Père*. Voici le fait du *Tableau* :

Charles-Prudent de *Becdelièvre*, Évêque de Nimes, fut révéré par ses pieuses prodigalités, et par toutes les vertus qui font un vrai Pontife. Nimes et le midi de la France lui doivent de nombreux établissements de bienfaisance ; sa mémoire y est et y sera en vénération, tant que la gratitude ne sera point bannie de la terre. Eclairé et pieux, il multiplia les écoles et les manufactures, parce que l'homme fait le mal, quand il ne fait pas le bien, et que le travail est une institution.

Il naquit à Nantes, en 1705, fut chanoine de Saint-Aubin de Guérande, et sacré à 32 ans ; il mourut peu de temps avant la révolution, sous-doyen des Evêques de France. Pendant quarante ans, il ne sortit jamais de son diocèse.

Les faits peignent les grands modèles ; *laudent... in portis opera ejus*. Il n'eut aucun faste, vécut très-frugalement, mais sa charité fut celle de l'Abbé de *Gamache* (1). Il employa tous ses revenus à décorer les églises, à soutenir les ouvriers indigents et à soulager les infortunés de toutes les classes. Un trait le fera mieux connaitre que tous les éloges.

Page 9. — Mesdemoiselles de *L...* étaient deux filles d'une très-bonne maison, dont le père se ruina. On ne connut le mauvais état de ses affaires, qu'à sa mort. Il laissa plus de dettes que de biens ; ses filles abandonnèrent tout aux créanciers. Il leur restait une petite terre, du côté maternel ; elles pouvaient la garder ; pour payer, elles la vendirent, ainsi que leurs moindres meubles, et ne se réservèrent qu'un vieux tableau, représentant *Saint Jérôme*, parce que leur père aimait cette image.

Ces Demoiselles, ayant trop d'élévation dans l'âme pour demander, et même pour accepter des secours, se décidèrent à vivre du travail de leurs mains. Cette faible ressource ne put, pendant sept ans, leur donner le premier nécessaire : elles passèrent ce temps dans une extrême indigence.

Aussitôt son installation, l'Évêque prit les plus exactes informations sur les nécessiteux de son diocèse. Malgré l'obscurité, le silence et la profonde solitude des Demoiselles *L...*, il sut qu'elles étaient aussi vertueuses qu'infortunées. Il envoye chez elles un de ses Grands-Vicaires leur offrir des secours, qu'elles refusent. Le Prélat, que rien ne peut faire renoncer à une bonne action, se promet de les tirer de la misère, sans blesser leur délicatesse.

Page 10. — Il apprend que le propriétaire de la maison qu'habitent ces infortunées refuse de renouveler le bail,

---

(1) Aumônier du Roi.

voulant joindre leur chambre à une autre, afin de la louer mieux ; l'Evêque envoye chercher un ami, et lui prescrit son rôle. Voici sa relation :

Je me rends de grand matin dans la maison des Demoiselles de *L...* ; je dis au propriétaire que je veux louer un de ses appartements ; que, peintre, je désire un beau jour et le logement le plus élevé. On me conduit au grenier ; après m'avoir montré deux petits cabinets, on me dit que l'on y joindra une assez grande chambre, occupée par des Demoiselles, qui en délogeront sous peu. Je demande à la voir, et me voilà introduit. Les deux vertueuses filles étaient déjà à l'ouvrage. Une pièce noircie par la fumée, le plus pauvre mobilier et le tableau chéri, dans un cadre de bois noir, forment toute la décoration. A mon aspect, les Demoiselles se lèvent, avec confusion, car voulant cacher leur pauvreté, elles ne souffrent pas que l'on entre chez elles.

Pour moi, les saluant à peine, je parais ne remarquer que le tableau. Tandis que le propriétaire explique le motif de ma présence, je suis immobile devant le *Saint-Jérôme*. Après trois minutes de contemplation, je le considère dans un autre jour, et m'écrie : *Oui, c'est un Dominique !* Pardonnez, me dit la sœur ainée, c'est *Saint Jérôme*, patron de feu mon père. — Ce tableau est peint par le *Dominicain*, l'un des plus grands peintres de l'école d'Italie, permettez de le décrocher pour le voir de plus près. Je le détache, et, après le manége convenable à mon prétendu enthousiasme, j'ajoute :

Ce tableau est un superbe original. — Notre père y était attaché, c'est l'unique raison qui nous l'a fait garder. — Voulez-vous le vendre ? — Il nous est cher. — Savez-vous ce que vous pouvez en tirer ? — Non. — Il est sans prix ; j'en offre 500 louis comptant. — Cinq cent louis ! s'écrient les vieilles filles et le propriétaire ! — Je suis sûr de bénéficier, en le revendant à Paris. Le propriétaire dit : Je vois que c'est une belle peinture, quoiqu'enfumée ; il est extraordinaire que l'on ne s'en soit pas douté. — La vie des peintres est remplie de ces traits. — Oui, je sais qu'un peintre acheta, pour trois pistoles, dans un cabaret, une enseigne à bierre qu'il revendit 8,000 francs.

Les sœurs me dirent qu'elles consentent à vendre ; je promets de revenir avec l'argent ; je sors. Le propriétaire me suit, et me prie de voir une *Sainte Thérèse* qui venait de sa grand-mère. « Si par hasard, ajoute-t-il, c'était un chef-d'œuvre ; que sait-on ? » Il fallut examiner le tableau ; après avoir répondu que c'était une vieille et mauvaise copie, je vole à l'évêché : — V. G. achète 12,000 fr. un tableau qui ne vaut pas un écu. — C'est le meilleur marché que j'aie fait ; voilà 500 louis. — Je retourne chez les Demoiselles ; elles m'avouent qu'elles ont cru que j'avais plaisanté.

Quand j'emportai le tableau, elles soupirèrent et dirent : *Notre pauvre père !* — La piété filiale regrette ce dont je vous ferai une parfaite copie. — A ces mots, elles fondent en larmes. —Ah nous prierons Dieu pour vous tous les jours ! — Que je souffris d'être forcé de cacher le nom du bienfaiteur !

L'Évêque contemple son emplette avec des yeux de complaisance ; jamais amateur passionné ne reçut avec plus de plaisir un *Rubens* (1). — Je le placerai dans mon oratoire. — Monseigneur compose un sermon sur la *Charité*, c'est devant ce tableau qu'il faut l'écrire.

Si l'on ne connaissait pas l'auteur de ce trait, la postérité l'attribuerait ou à *Saint Vincent de Paul*, ou à *Louis XVI*, ou à sa Fille.

M. de *Nîmes* cachait ses vertus et ses talents. Son zèle épiscopal s'étendait en secret à tous les infortunés. Riche par son patrimoine, il faisait sans cesse du bien, et le faisait en grand, comme ses pères et ses neveux (2). Il donnait sans mesure et en silence, et *prêtait* ardemment *à usure* à CELUI qui inspire les bonnes actions. Ni les besoins du faste, si pressants même loin de la cour, ni la crainte, si fondée de faire des ingrats, ne balancèrent dans cette âme généreuse le sentiment plus noble d'aider à ses semblables.

Les continuelles visites à domicile, faites aux pauvres, ne l'empêchèrent pas de s'occuper d'un *Traité de l'Eloquence Religieuse et Morale*. Un Prélat (3) digne de porter un beau nom s'associa à ce travail ; mais il avoua « qu'il en devait le plan et les matériaux au moderne *Borromée*. » L'ouvrage de ces deux amis est perdu pour nos neveux......... 26 août 1820.
Le Ch.^{er} F.-N. de FOULAINES.

M. *Laroche* est-il de meilleure foi avec les littérateurs qui l'ont protégé, qu'avec les personnages qu'il n'a pu voir que dans les almanachs ? Il prétend que « M. de *Carondeley* accrédite *maliciosamente* des doutes sur sa valeur ; que, pendant ses longs *services*, il a fait cent fois ses preuves ». Le publiciste répond : « En Espagne, vous n'avez servi qu'à table. Je vous ai perdu de vue ailleurs. où vous avez pu distiller votre fiel. Je n'ai attaqué ni la beauté ni l'honneur de la démagogique *Théroigne-Méricour*, que vous placez au-dessus des *Deshoullières* et des *Sévigné*.

---

(1) Le premier peintre d'Angleterre a dit : « *Gérard, Gros* et *Vernet* égalent *Rubens* ».

(2) « On m'attribue de grandes aumônes, disait M. *Frétat* de *Sara*, Évêque de Nantes ; je ne suis que le dispensateur des louables prodigalités de MM. de *Sesmaisons*, de *Saint-Pern*, de *Becdelièvre*, de *Monti*, de *Pontual*, de *Larlan-Rochefort*, de *Sécillon*, d'*Aux*, de *Catuélan*, de la *Tullaye* et d'*Andigné*. »

(3) *L.-F.* de *Solignac-La-Motte-Fénélon*, Évêque et Seigneur de Lombez.

Vous dites : *Carondeley me tue, en m'arrachant l'honneur. Où il n'y a rien, le Roi perd ses droits.* »

L'on n'a choisi qu'un article, celui relatif à M. de *Becdelièvre* (tué en combattant à la tête des royalistes), pour faire justice des innombrables inepties publiées sur ce Breton et sur tant d'autres.

Une plume exercée va venger ses concitoyens, en offrant, avec calme et vérité des *faits* importants, dans un ouvrage (1) dont la seconde édition est sous presse. C'est le dernier effort d'un zèle souvent éprouvé ; il est consacré à l'*Enfant de la France*, et à la studieuse génération qui va nous remplacer. 3 novembre 1822.   G. FALLY.

EXTRAIT de l'ouvrage intitulé : *Louis XVI et ses Défenseurs.* (Paris 1818, impr. *Migneret*, rue du Dragon, n.º 20 ; *Plancher*, libr., rue Poupée, n.º 7.)

PREMIÈRE PARTIE.

Page 27. — NOTE circulaire adressée par le Comte de *Kersaint* à M. *Manuel* (de Paris) et au Marquis de *Villette* :

Desèze a ouvert les yeux du peuple ; les trois défenseurs n'ajouteront rien à ce plaidoyer ; il a été calculé avec *Louis*, qui malheureusement a trop retranché, parce qu'il est au-dessous de lui d'attendrir des ingrats. Les *Observations*, après le *refus de défendre*, frappent le peuple

Page 28. — J'ai peut-être à me plaindre de la cour. Il est constant que des hommes outrés, qui veulent la servir, sans mission, nous ont abreuvé tous trois d'amertume ; c'est un motif de plus pour être justes. Les Puissances ont vu avec indifférence la chûte insensible de *Louis*, mais elles ne verraient pas du même œil une tête couronnée...!!! Il faut soustraire notre pays à cette honte éternelle, et insister sur ce que *Louis* et sa famille soient conduits en Suède, sous forte escorte, commandée par douze de nous. Les citoyens ne veulent point la mort, et l'armée ne sait pas un mot de ce qui se passe.

Si l'on vote la *mort conditionnelle*, ce vote sera injustement compté comme *absolu*. Je suis sûr des hommes dont je vous transmets la liste..... *Champagne* est un babillard timoré, mais il n'est pas méchant ; les prétendus Marseillais qui se sont

---

(1) *Institutions dans leurs rapports avec la Religion, l'Éducation des Princes et l'Instruction Publique. — Henri II°, modèle des Gouvernants et des Gouvernés* est une suite de cette production, et forme la *première partie de la Morale en Action.* (Note de G. *Fally*.)

installés à Louis-le-Grand, ont été indiscrets avec lui ; il l'a été avec moi. Je sais tout ; la jeunesse de l'université est bonne ; *Selis* m'en répond.

Les écrits des deux *Nicolaï*, de *Molleville*, de *Mounier*, de *Pulcheraute*, de *Malouet*, ont eu un bon effet. *Desèze* a opéré plus d'impression sur les tribunes que sur l'assemblée, qui s'est cuirassée. Les *Réflexions* de *Dalmas* ont changé plusieurs députés, et surtout ceux qui, dans la Législative, avaient été à même de juger les principes qui l'ont toujours porté à ne jamais séparer la cause du pouvoir exécutif de celle de la nation. Le travail de *Saron* a été utile à *Malouet*.

Morisson, *Noël*, *Lafond*, *Debourges* refuseront de voter, et soutiendront que la mise en jugement étant illégale, tout ce qui en résulte est non avenu. *Duchâtel* votera pour le bannissement.

Page 29. — *Lanjuinais* ne faiblira point ; il a trop bien commencé pour ne pas renforcer son opinion de celles de *Dugour*, de *Narbonne*, de *Pichois*, de *Martignié*, de *Jonh Drydey*, de *Necker*, de *Sourdat*, de *Foulaines*, de *Montjoie*, de *Legrand*, de *Guélon-Marc*, de *Saron*, de *Gin* et de *Tolendal*.

Dire : *Je vote la mise en liberté*, serait notre devoir à tous, mais ce vote exaspérerait les hommes de sang. Il faut un moyen indirect, évasif, qui sauve *Louis*, sans trop irriter ceux qui ont intérêt à sa perte.

Mon idée sera adoptée par *Pérès*, etc. (1).

Je réponds, sur ma tête, de la loyauté et du courage des hommes que je viens de citer ; ils sauveront *Louis XVI*, et persisteront dans leur projet. L'influence que vous donnent vos talents, les rappellerait à eux-mêmes, s'ils pouvaient oublier que l'Europe et la postérité les fixent...

14 janvier 1793.   KERSAINT.

LETTRE de M. TAUDON à M. de VILLETTE.

Monsieur le Marquis, Madame *Trudin*, fille de M. *Coquerel*, demande des renseignements, relatifs à l'opuscule, sous presse, intitulé : *De la Biographie de M. Michaud*, avec cette épigraphe : « La postérité croit une calomnie non réfutée par les contemporains. » Cette Dame a connu, par son père, des particularités qui honorent le vôtre, stigmatisé par les imposteurs aux

---

(1) Suivent les noms de 258 conventionnels qui votèrent dans l'intérêt de S. M.; ils seront répétés dans la brochure sous presse, intitulée : *Des Biographies de MM. Michaud*, etc. (*Noté de M. Guyot*, 10 juin 1850).

gages de M. *Michaud*; elle prie de vous adresser ce que l'on sait, et ajoute : « L'envoi est d'autant plus urgent, que M. *Michaud* est très-avancé dans la réimpression du libelle, et qu'un fils tel que vous, ne tolèrera point que l'on invective celui qui défendit notre bon Roi, dans le sein et dans les comités de la Convention. M. *Brosseau* peut-il attester ces faits, et y joindre ce qu'il a pu savoir par M. le Comte de *Kersaint* ? »

M. *Brosseau* a toujours mal peint, et a presque perdu la vue. Cet ancien militaire, en Pondichéry, m'a dicté, à Nantes, et a signé le brouillon que je conserve, et que je n'ai pas eu le temps de transcrire, depuis mon retour récent chez mon père. Je me fais un double plaisir de seconder un brave, véridique, et de contribuer à l'acte de justice qui honorera un fils aimant, auquel la gratitude ne permet pas de laisser atrocement caricaturer l'auteur de ses jours.

Je n'appartiens qu'à une famille obscure; mais Madame la Baronne de *La Bouillerie* et M. de *La Rochefoucauld* vous attesteront son zèle pour S. M. et pour les Royalistes, et sa délicatesse.

Je suis, avec les sentiments les plus respectueux et le plus entier dévouement, Monsieur le Marquis, votre très-humble et très-obéissant serviteur. TAUDON, Ex-Employé dans les Bureaux du Cadastre. Durtal (Maine-et-Loire), 31 mai 1830.

LETTRE de M. BROSSEAU , au même.

Monsieur le Marquis, Je vais faire rédiger, par un Notaire, une déclaration de ce que j'atteste sur l'honneur, et remettrai ce soir à l'auteur de l'opuscule, qui a pour titre: *De la Biographie de M. Michaud*, la copie par moi signée de la présente.

Il est à ma connaissance que M. votre père a fait ce que Madame *Trudin* tient du sien, sur ce Chevalier de Saint-Louis, et que M. de *Kersaint* a donné à mes chefs, à mes frères d'armes et à moi la circulaire imprimée et envoyée par lui, le 14 janvier 1793, à M. le Marquis *Charles* de *Villette*.

MM. les abbés de *Lesquen*, *Emery*, de *Villèlle*, de *Gamache* et de *Saman* diront que MM. de *Kersaint*, *Malouet*, *Morisson*, *Lanjuinais*, *Lévêque*, *Porcher*, *Dalmas*, de *Boisjouhant*, *M.* (de *B*...) et *Delacroix* leur ont donné les preuves que M. de *Villette* joua, à la Convention, le même rôle que M. de *Folmon*. M. le Comte du *Hautier*; premier Gentilhomme de Mademoiselle d'*Orléans*, n'a pu oublier que l'auguste mère de S. A. R. dit à son Chancelier, après avoir souri au premier Président de la Cour de Cassation : « Vous avez sauvé mes jours et ma fortune; je vous sais plus gré de vous être associé à la gloire de MM. *Desèze* et *Guélon-Marc*, en vous coalisant, à la Convention, avec MM. *Porcher*, de *Villette*, *Vernier* et *Lanjuinais*. »

Le vertueux fils de M. *M*... a les papiers de son père...

Sous une heure , je serai chez mon bienfaiteur, que je n'ai pas eu l'honneur de voir, depuis le 2 courant, parce que j'ai toujours été malade, à la campagne. Il pensera peut-être comme moi , que vous devriez demander: 1.º A M. le Marquis de *Becdelièvre* , la 2.me édition des 14 pages de M. *Fally* (elles sortent des presses de Gaudin) et les consigner en partie dans votre Mémoire; 2.º à M. de *Boussineau*, à Saint-Herblain... un extrait des notes manuscrites laissées à la Comtesse douairière de *B*... par M. *Lebouvier-Désmortiers* , qui les tenait de son intime , *T.-V. Delacroix.*

On lit , dans *La Quotidienne* , du 14 courant : « M. le Chevalier de *Foulaines* , auquel on désire faire une communication importante , est prié d'envoyer son adresse à M. le Marquis de *Villette* , à Pont-Sainte-Maxence (Oise). » Cette annonce a été répétée dans presque tous les journaux. Suivez la même marche pour ceux dont vous ignorez le domicile. M. de *Foulaines* ne sait probablement pas que vous le cherchez ; il demeure ici , rue de la Rosière , n° 4.

M. de *Boussineau* , qui pense que les familles de MM. les Barons de *Bourgoing* , *Baco-de-Romans* et de *Bock* contribuèrent, avec M. votre père , à secourir les infortunés fugitifs , croit que MM. *des Burondières* , *Charrier* et *Michel* (aux Sables d'Olonne) sont chargés par un ancien Officier au régiment de Condé de rédiger un Mémoire imprimé. Dans ce Mémoire, en forme de plainte, vous concluez (dit-on) à la suppression de l'édition entière de la *Biographie* de M. *Michaud* , et à une forte amende , au bénéfice des indigents. La défense de votre auteur ne pourrait être confiée à des mains plus habiles et plus pures ; mais des Juges , appelés à prononcer sur les excès de la presse, ne sortiront point du cercle tracé autour d'eux par la Loi. Vous feriez une école , en plaidant ; M. votre père avait beaucoup d'ennemis : la mort ne désarme ni la haine , ni la prévention , ni l'esprit de parti. Un ami de Voltaire, le mari de *Belle et Bonne* , ne peut plaire à tout le monde.

Cependant, vous ne pouvez rester neutre. Que devez-vous donc faire ? Un Mémoire, et exiger ce que demanderont MM. de *Becdelièvre* et *Barbot.* Il faut vous en tenir à une justification imprimée.

Ou M. *Michaud* est vrai, ou *Louis XVI et ses défenseurs* , dédié et présenté à Louis XVIII, est un roman. Si cet ouvrage, approuvé par les témoignages des têtes les plus augustes, ne contient que la vérité, c'est à son auteur à le démontrer : ce qui lui est très-facile. La voie judiciaire vous est ouverte. A votre place, je me contenterais de publier un Mémoire détaillé , dès que vous aurez pu vous procurer les documents confirmatifs des 12 numéros, publiés chez M. *Migneret* , et dont trente exemplaires ont été achetés par *Belle et Bonne* , cette célèbre sœur de M. l'Evêque d'Orléans et de l'immortel *Varicourt.*

Il est démontré que le Précis, intitulé : *De la Biographie de M. Michaud*, pulvérise ce qni est dit contre MM. de *Becdelièvre* et *Barbot*. Qui les justifie, doit justifier M. votre père. Ce Précis n'est pas moins concluant contre M. *Laroche*, qui hasarde des doutes sur la conduite généreuse de M.me *Garnier-Chambon* et de M. *Blin*, le constituant Les *Notes sur Charette*, par l'intime de vos plus proches, mettent dans tout son jour la conduite des deux pacificateurs de la Vendée.

Pourquoi *G. Fally*, qui a justifié M. *Barbot*, le frère de M. de *Becdelièvre* et le beau-frère du second, ne donnerait-il point une 3.me édition ? Pourquoi n'ajouterait-il pas tout le développement exigé par la gravité et la publicité de l'attaque ? Il a prouvé que M. *Michaud* avait promis à M. *Barbot* et au frère de celui que l'on fusilla à Oudon, de rectifier trois articles. Cette promesse, quoique non tenue, ne prouve-t-elle pas que les parasites du typographe *Michaud* ne méritent point les honneurs d'une réfutation sérieuse ? On ne s'arme jamais d'une massue pour écraser un insecte.

Pardon, Monsieur le Marquis, si j'ai recours à une plume et à une main étrangères, pour seconder votre piété filiale. Tout, dans la présente, est ma pensée, et la fidèle expression de la vérité. Celui qui servit vingt-deux ans son Roi et son pays, se console de ses blessures, de soixante-sept hivers, de ses infirmités, et de l'état dans lequel il végète, en songeant que la lettre même d'un soldat est un hommage aux mânes d'un Conventionnel, dont le *Blondel Français* prendrait la défense, s'il n'était pas mort victime du plus inexplicable oubli.

Je suis, etc.   Signé à l'original : J. BROSSEAU.

Nantes (Loire-Inférieure), 21 mai 1830.   TAUDON,
Rue Dosdâne, n.º 35.

DEUXIÈME PARTIE.

Page 31. — Je vous interpelle, *Desmoulins*, de déclarer si vous n'avez pas dit, à *Panis* et à *Sergent*, en présence des députés *Morisson*, *Villette* et *Kersaint* : « La France veut la mise en liberté de *Louis* ; elle serait prononcée, si nous ne redoutions pas sa vengeance ; le plus fort doit se sauver ? » La loyauté des trois témoins invoqués établit le *fait*.

Page 41. — Rentré dans la classe des citoyens, le Roi peut être jugé comme eux. *Pour quels faits ? Villette* et *Kersaint* répondent : *Pour ceux postérieurs à son abdication*.

Page 43. — Craindriez-vous de compromettre vos jours, en vous associant à vos collègues *Faure*, *Lanjuinais*, *Morisson*, *Serres*, *Villette*, *Rozet*, *Giraud* et *Pontécoulant* ? Ils déclarent que la Charte a prévu ces délits.

Page 45. — **Si** l'on voulait punir le Roi, on ne pourrait lui opposer qu'une Charte déchirée par ses accusateurs : lui fit-on cette objection, il serait impossible de le priver du bénéfice de cette loi. Parce qu'il n'y a point de peine applicable, vos ennemis tentent de vous en faire créer une, toute autre que celle à laquelle les hautes parties contractantes avaient cru pouvoir se soumettre. *Faure*, *Bailleul*, *Hardy*, *Sillery*, *Villette*, *Rozet*, *Morisson*, *Vernier* ont en vain invoqué ces principes.

Page 46. — « Il y eut d'abord partage sur la révoltante question de la peine à infliger. » MM. de *Pontécoulant*, de *Folmon*, *Lanjuinais*, de *Kersaint*, *Meynard*, de *Villette*, *Debourges*, *Texier*, *Mejansac* et *Boissy-d'Anglas* luttèrent avec un courage qui donna de l'espoir aux hommes droits et sensibles. (Note du Chevalier d'*Auffremont-Mauroy*, 7 déc. 1817.)

Page 93. — *Louis* pardonna à ceux qui massacrèrent *des Huttes* et *Varicourt* ; a-t-il dû abandonner les braves qui marchent sur les traces de ces deux infortunés et de leurs camarades *Lukerque*, *Miomandre-Sainte-Marie*,... *Durepaire*...?

Page 240. — M. de *Varicourt*, frère de la Marquise de *Villette* et de l'Evêque d'Orléans, entre en quartier au 1.er octobre ; il se trouve de garde, dans cette fatale journée, à l'un des premiers postes de l'appartement de la Reine. Malgré sa grande jeunesse, il déploya, par sa résistance, toute la fermeté d'un vieux militaire. La hache levée sur sa tête, il oublie sa défense pour ne penser qu'à la Reine, dont la garde lui est confiée : *Sauvez la Reine*, s'écrie le nouveau d'*Assas*; et il tombe percé de mille coups. Un jeune surnuméraire (M. d'*Affon*, frère de M. de *Chapien*) s'élance, saisit les armes de M. de *Varicourt*, fixe les assassins, et leur dit : *Mon service commence, où mon camarade expire.*

Page 156. — *Lanjuinais* a eu le courage d'appuyer de tout le poids que lui donnent ses profondes connaissances et l'inflexibilité de son caractère, l'opinion de *Kersaint*, de *Rozet*, de *Morisson*, de *Villette* et de *Meynard*, qui ne confondent pas les pouvoirs, et professent que la responsabilité des ministres mettait celle de *Louis* à l'abri de toutes les recherches.

Page 228. — M. de *Luynes*.... ne parut jamais aux *Jacobins*; il se joignit constamment à M. de *Villette*, pour persuader à M. le Duc d'*Orléans* que son épouse et ses enfants étaient profondément affligés de le voir influencé par les menaces ; que les ennemis de *Louis XVI* étaient les siens ; que l'existence de S. A. dépendait de celle de S. M.

Le témoignage du brave *Morisson* n'est pas équivoque. Il marche sur les traces de MM. *Rozet* et *Lanjuinais*, etc., et a laissé des manuscrits qui doivent être entre les mains de M. *Lévêque*, son gendre ; ces manuscrits justifieront M. de *Villette*, et prouveront que ceux qui supputent sur des brochures de circonstances, ne devraient rien articuler sans preuves.

Page 236. — *Villette* (le Marquis de). Il avait une imagination extrémement vive , très-susceptible de s'exalter , et portait jusqu'à l'enthousiasme les idées nouvelles qui paraissaient tendre au bien général. Ses intérêts furent grièvement froissés par l'abolition des droits féodaux. Ce décret lui enleva la moitié de sa fortune; il fut cependant un de ceux qui le sollicitèrent. C'était un sacrifice à la patrie , que lui et plusieurs autres voulaient régénérer, d'après les idées d'une saine philosophie et non avec les principes de *Marat* et de *Robertspierre*.

La mise en accusation du Roi accabla toutes ses facultés ; le chagrin s'empara de lui ; il vit de loin tous les maux qui allaient fondre sur cette France , qu'il s'était flatté de voir briller d'un éclat nouveau. Pendant les jours employés à ces séances d'horrible mémoire, l'hôtel de *Villette* était le rendez-vous des députés qui essayaient de réunir une majorité de voix , afin d'anéantir les projets des cannibales. M. de *Villette* eut le bonheur d'en gagner plusieurs. Ce que M. de *Kersaint* faisait de son côté, il le faisait du sien. Son vote ne fut pas tel qu'il aurait voulu le prononcer ; mais, comme un sage pilote, il fallait louvoyer pour arriver au port.

Il accorda quelque chose aux factieux pour en obtenir davantage. Malgré les menaces qui lui furent faites, en entrant à l'Assemblée, et qu'il fit dénoncer à l'instant par un de ses collègues (une extinction de voix l'empêchait de se faire entendre), il vota pour la *détention*, et ensuite pour le *sursis*. Vains efforts ; la victime succomba ! « Le coup qui abattit une tête auguste rétentit dans l'âme de M. de *Villette* ; la plus noire mélancolie consuma rapidement son existence , au moment d'être traîné au tribunal révolutionnaire, pour prix du dévouement qui le porta à employer un moyen indirect de sauver son Roi ». Ce sont les expressions du Ministre *Malouet*, qui , plus qu'un autre , acquit le droit de juger combien il fallut de courage pour ne pas se laisser entraîner par les régicides. (*Note* de *T.-V. Delacroix* , 10 avril 1818.)

M. de *Villette* demande jusqu'à quel point la mémoire des morts est du domaine des *Auteurs de Biographies* ? Il est un impérieux devoir dont , par respect pour eux-mêmes et pour le Public , ils ne devraient jamais s'écarter : ce devoir , c'est de ne pas offenser dans la tombe ceux dont l'existence utile a bien mérité du Roi. Quand une accusation odieuse pèse sur un vertueux citoyen, leur sera-t-il permis de l'admettre sans défiance , et de la renouveler avec une imprudente avidité? De quel droit se constituant les accusateurs d'un homme de bien , et aussi peu soigneux de s'instruire des *faits*, que peu craintifs de blesser la justice, ou d'obscurcir la vérité , viennent-ils arracher un noble héritage à un fils? C'est cet héritage que M. de *Villette* veut et doit défendre.

TROISIÈME PARTIE.

EXTRAITS de la *Défense Préliminaire*, n.º XI.

Pages 49 et 50. — On a cru répondre à tout, en disant : « L'opinion contraire est celle d'un Législateur dont la naissance rend l'avis non suspect. » Ce Législateur prodigua ses largesses pendant nos calamités ; le mépris de l'or est la mesure des grands, mais on peut imiter la bienfaisance de ses pères, et être étranger aux bases fondamentales de la société. Celui que tant de gens ont intérêt à tromper et à distraire... ne peut former *seul* une autorité. Que demain les emprunts forcés, et sans cesse renaissants, auxquels ses hommes d'affaires, *intimidés par les menaces*, sont forcés de souscrire, achèvent sa ruine ; et demain les adulateurs qui le *citent* comme *autorité*, l'accuseront.

Page 83. — *Besson* est forcé d'avouer, dans l'absurde mercuriale qu'il vient d'adresser à *d'Orléans*, à *Conti* et à *Penthièvre*, que « Les électeurs n'avaient pas les mêmes droits que les assemblées primaires. » Les électeurs nomment ; leur autorité cesse, dès que les nominations sont terminées ; le pouvoir est permanent dans les *Assemblées primaires*, tant que le Roi est absent ou dans l'impossibilité d'agir.

Page 84. — Il est permis de douter de la philanthropie d'un législateur qui veut que l'on incarcère les trois jeunes d'*Orléans* et tous ceux qui ne voient pas comme *Danton*.

Pages 85 et 86. — Pourquoi persécuter *Montpensier*, *Beaujolais* et *Chartres* ? Ces trois infortunés gémissent ; leur position est assez délicate pour ne pas les accabler. On suppose que « leur » père les a endoctrinés, en présence de *Laviconterie*. » (*Voyez* p. 62 et 63). Ce député n'est point suspect ; il a fait justice d'une calomnie démentie par *Maignen*, *Gaston*, *Ingrand* et *Lakanal*.

L'Europe peut attester que l'opinion de CHARTRES et de ses frères fut énergiquement prononcée dès le commencement du malheureux procès. Dans toutes ses lettres à ses amis, CHARTRES témoigne hautement sa juste indignation contre une procédure atroce. Cette loyauté lui vaut la haine de la *minorité* : elle a été le signal des persécutions qu'il éprouve, et de celles dont il s'attendait à être victime.

Un des amis de CHARTRES a reçu dans le Gard une de ses lettres ; elle est conforme au vœu de la majorité. Ce correspondant aussi moral qu'instruit en a donné communication à un grand nombre de personnes bien intentionnées, dont la plupart sont dans l'administration du Gard, qui n'a pas craint de signer l'*Adresse* courageuse rédigée par le procureur-général-syndic *Griolet* ; elle est dans le même esprit que la correspondance connue de CHARTRES.

Si d'*Orléans* veut ce que désire la minorité , pourquoi celle-ci a-t-elle refusé la démission qu'il a offerte le 3 , à 11 heures du soir , chez *Pétion ? Laboissière* veut le gage de d'*Orléans*. Les ingrats croient se couvrir; ils effraient un député qui , en voulant démissionner, prouve qu'il n'a point endoctriné ses enfants. Ne sont-ils pas trop jeunes pour conspirer , mais assez courageux et assez précoces pour sentir que leur père , purement passif , est le levier dont on se sert pour opérer ce que sa bienfaisance, son éducation , les liens du sang, la conduite de sa compagne, de sa sœur et de son beau-père désavoueraient, s'il pouvait oublier qu'il est , comme *Louis*, fils d'*Henri IV*... ?

Page 86. — *Colot-d'Herbois*, gardez pour vous l'accablant fardeau dont vous tentez de vous décharger sur notre France.. Vous avez seul prescrit que l'on immolât *Lamballe*, et, pour vous justifier , vous avez fait accréditer, même par des hommes droits, que la plus criminelle spéculation avait voulu s'affranchir d'une somme considérable et exigible tous les ans pour un douaire. *Limon* et *Tréville* vous ont démontré l'absurdité et l'atrocité de votre calomnie. J'offre la preuve de ce que vous avez dit aux députés *Séguin*, *Douge*, *Kervélégan* et *Casenave* : « Si la bégueule ne signe pas le détail des bacchanales de la *Veto* à Trianon, elle paiera cher un ancien refus. »

Quel était ce refus ? Celui de n'être pas intervenue , par sa protection , dans votre extravagante plainte contre les Lyonnais et contre vos camarades. Sa dignité lui permettait-elle d'invoquer autre chose que la Loi ? Une femme morale se mêle-t-elle de comédiens ambulants ? Que pouviez-vous exiger ? Rien. Cependant les 25 louis qui vous furent comptés, de sa part, par *Bissy-Thiard* , durent être la compensation des sifflets par lesquels les Lyonnais vous avertirent qu'en montant sur les tréteaux ou à une tribune , vous ne seriez jamais dans votre rôle.

Page 91. — Le camp de Paris..... a rendu des services signalés à nos armées , qui approuvèrent la courageuse Adresse de *La Fayette*, du 16 juin.

Page 92. — La conduite de *Louis* n'a point été cachée; le fidèle *Sémonville* peut l'attester.

Page 93. — Quelle importance attachez-vous à des accusations basées uniquement sur des lettres ? Un exemple pris au hasard peut faire justice de toutes; et cet exemple et la loyauté de *Sémonville* répondent au chef d'accusation..... Une phrase de *Choiseul* est ainsi conçue : « Mes lettres de rappel m'annoncent que je suis remplacé par M. de *Sémonville* , ainsi les projets de cet ambassadeur ne sont pas douteux. »

Donc *Choiseul* formait des projets contre *Sémonville* ; donc c'était *Choiseul* qui agissait, ... donc *Louis* , que l'on rend responsable, ne pouvait l'être... Que *Sémonville* paraisse, et sa véracité justifiera *Louis*.

Page 161 — *Peyre*... a conclu « qu'il fallait mettre hors la loi *Sémonville*, tous les *Crussol*...... L'Histoire dira (chaque page de ce procès est de son domaine) : que ne le réléguait-on *hors la France*, l'enragé qui, n'ayant pu corrompre *Sémonville*, lui fit un crime de son courage; il lui valut les honneurs de la proscription, et lui assure le privilège de servir de modèle aux hommes publics placés entre la mort et le devoir.

Page 174. — « Un accapareur plus important est *Gouffier*, qui s'entend avec *Sémonville* (1) » (Motion d'*Allafort*, de la Dordogne.)

Condorcet vous a dit et prouvé que *Gouffier* et *Sémonville* n'avaient jamais traité et ne traiteraient jamais ensemble ; qu'ils s'estimaient, mais ne s'aimaient pas; que si *Gouffier* et *Sémonville* étaient accapareurs, il fallait mettre *Danton* sur la même ligne, parce que cet avocat avait conservé une déférence judiciaire pour *Sémonville*, et que *Louis*, effrayé lorsqu'il s'agissait de subsistances, avait révélé toute sa pensée aux autorités compétentes. Le républicain *Condorcet* justifie rarement ; n'aurait-il le triste privilège d'être cru que lorsqu'il accuse ?

Page 181. — *Desmoulins* calomnie, lorsqu'il dit : « Je tiens de d'*Orléans* que l'avocat *Duport* était dans le secret du voyage à Montmédy. » Le garde du sceau a déclaré n'avoir jamais parlé à d'*Orléans*. Le jour du départ, *Duport*, au mépris des ordres de celui qui en a fait un ministre sans le connaitre, remit le sceau à l'Assemblée. Cette fable a été inventée pour perdre et d'*Orléans* et *Duport*; elle a été inventée par un misérable comblé des bienfaits du premier, et qui croit acquitter la dette de la reconnaissance, en démentant dans un n.º ce qu'il a eu l'infamie d'accréditer dans le précédent contre un Député, jouet des trames les plus odieuses, et que la majorité de la Convention ne pourra soustraire à l'orage qui le menace, si elle n'accepte pas une *démission* réitérée depuis l'instruction.

Latouche-Tréville et *Geoffroy-Limon* vous ont démontré cette vérité.

---

(1) La mission de cet ambassadeur ayant été suspendue par la catastrophe du 10 août 1792, il partit de Gènes, et, par ordre des autorités d'alors, ordre motivé sur divers prétextes, il se rendit en Corse, où il resta tout le temps que dura le prétendu procès du Roi. Après l'horrible journée du 21 janvier 1793, les cours de Naples et de Toscane, qui avaient conservé leur neutralité avec la France, ouvrirent secrètement des négociations dans le but de sauver la Famille Royale. Ces Cours offrirent leur médiation. Elle fut acceptée dans le plus grand mystère par le conseil dont *Danton* faisait partie. M. de *Sémonville*, rappelé de Corse, fut envoyé en réalité à Florence, en apparence à Constantinople, sa première destination, mais où M. *des Corches* l'avait déjà précédé. M. *Maret* se rendit à Naples avec des instructions du même genre. Tous deux furent enlevés à Novate, sur le territoire des Grisons, par un parti autrichien. (Note de *J.-B.-G. Drappeau*, 16 mars 1796, p. 175 de la *deuxième* édition de la *Défense préliminaire*.

Aucune puissance née ou à naître n'a le droit de faire, d'un *parent-législateur* un *juge*, lorsque ces deux titres, sa propre sûreté, son éducation, son cœur, la gratitude, les larmes de sa compagne, de son beau-père et de *ses enfants*, signalent son incompétence.

Page 183. — La reddition de Verdun et de Longwi est étrangère à *Louis*. C'est ce que prouve la lettre de *J.-A. Soret*, relative aux bienfaits de *Penthièvre* et de sa fille.

EXTRAITS de *Louis XVI et ses défenseurs*, n.º *XII*. Lettre de M. *Drappeau*, sur la *Défense*, par M. *Dalmas*, Préfet de la Charente-Inférieure. Paris, 18 avril 1818.

Page 224. — On reproche des omissions involontaires à l'écrivain qui, en voilant tous les souvenirs déchirants et les noms que l'histoire ne pourra taire, s'est associé à la sublime pensée de *Wielbolk*. L'auteur a oublié des *faits essentiels*; ce sont ces faits, écrits en décembre 92, que je rappellerai dès que j'aurai fait une seconde édition de ce que je publiai à cette fatale époque sur *Louis XVI* et sur M. le duc d'*Orléans*.

Page 226. — Une corde... essentielle à toucher... était celle des rapports du duc de *Luynes* avec le duc d'*Orléans* (1) et avec le marquis de *Villette*. Leurs fautes tinrent à leur manière de voir et à l'influence que devaient avoir sur eux tous ceux qui ne parlaient que de philanthropie universelle. M. d'*Orléans* avait promis à M. de *Kersaint* de se réunir aux députés cités dans la *circulaire* du 14 janvier 1793 (page 8 etc.); et M. d'*Orléans* ne céda à la terreur qu'au moment où *Danton* lui eut faussement persuadé que M. de *Saint Fargeau* avait ramené à son bord les courageux députés cités dans les Adresses des Israélites en faveur de *Louis*. Ce que je dis est confirmé par *Necker* (28 janvier 93) et par *Tronchet*.... Les motions sténographiées... ne contiennent pas un mot de feu M. d'*Orléans*, ni de MM. de *Luynes* et de *Villette*, quoique l'auteur de la *Défense préliminaire* fût attaché par la reconnaissance à la mémoire du père de *S. A.*, quoiqu'il fût lié avec M. de *Villette*, ami de M. de *Luynes*. Ce qu'il ne craignait pas dire de chaque membre de la minorité, démontre qu'il n'aurait point capitulé avec sa conscience. (Voyez page 13 de la *Réfutation*, l'extrait de la page 228); cet extrait porte que « les manuscrits de M. *Morisson* justifient M. d'*Orléans*. »

---

(1) M. *Geoffroi-Limon* a publié un in-4.º sur l'accusation; cet ouvrage rare (il est dans la bibliothèque de M. *Fumeron de Verrière*, Conseiller d'État) a fait naître une excellente critique par *J. C. de Lozière* qui dit : « La reconnaissance imposait silence à M. *Geoffroi*, comblé des bienfaits du duc d'*Orléans*. M. *Geoffroi* fut injuste et ingrat en refusant de citer le fait relatif à la résolution du Prince de *démissionner*. » Ce fait est développé dans les lettres de *Soret* à Vallivon, sur l'héroïsme de la douarière d'Orléans et dans les matériaux des *Causes célèbres*, par *Tronchet* (Note du Préfet *Dalmas*. *V*. p. 22)

Page 229. — M. *Vernier*, pair de France.... savait que l'histoire n'oublierait pas qu'il accompagna, le 11 décembre 92, M. d'*Orléans* chez Pétion, où *S. A.* proposa sa démission. M. *Porcher* de *Riche-bourg* n'a point parlé de cette démarche, parce que sa modestie ne lui a pas permis de rappeler qu'il suivit les traces des *Vernier* et des *Kersaint*.

Page 230. — Ce fait est détaillé dans une Lettre du chevalier d'*Auffremont*, sur les inexactitudes échappées à M. de *Carondeley*, relativement à MM. d'*Orléans* et de *Sémonville*, qu'il confond avec un *Sahuguet*-d'*Espagnac*...

J'entre dans des détails sur M. de *Sémonville*; ils prouvent que *Louis* n'avait pas de sujet plus dévoué à la cause de la Patrie, inséparable de celle du Roi.

Mes *Considérations*... suffisent pour faire rectifier les nombreuses erreurs échappées à *Montjoie*, dans sa *Conjuration d'Orléans*.... Je dis la vérité, et ce que j'osai signer, le 28 décembre 92, me rend aussi croyable que les écrivains qui n'ont publié leurs calomnies qu'après la tourmente révolutionnaire. Où étaient-ils, lorsque les *Dalmas*, les *Guelon-Marc*, etc. écrivaient à l'aspect des juges-bourreaux?

Page 241. — Le duc d'*Orléans* prodigua ses largesses aux malheureux; tous ses enfants y contribuèrent; ils proposèrent l'abandon d'une partie des fonds réservés à leurs menus plaisirs.

LETTRE de Mme *Trudin* à M. *Brosseau* (*Voy.* p. 9 et 10.)

Boulogne-sur-Mer, (Pas-de-Calais) 6 *Juillet* 1830.

MONSIEUR,

Notre ville est essentiellement militaire... On assure que les ducs de *Chartres* et de *Nemours* vont se rendre ici; ils y seront reçus avec enthousiasme, parce que le peuple-même sait qu'ils sont élevés comme on devrait élever tous les Princes... Avec un *Guillon*, on aura des ducs de *Bourgogne*; le cardinal de *La Luzerne* demandait un évêché pour ce vertueux et savant ecclésiastique; ne pouvant rien objecter, M. de *Polignac* répondit: *Il est trop souvent à Neuilly*...

Les gens non moins bornés aperçoivent dans l'invariable attitude du Prince, « Anglomanie, originalité, désir de ne pas faire comme les autres. » Ces faiseurs de songes creux voient dans une marche ostensible « une arrière pensée, des projets. »
M. *Peyronnet* le trouve trop *Français* du grand *siècle*. Mieux vaut être original que de copier certains modèles... Epoux, pères et monarques devraient l'imiter; plus riche que bien des Souverains, il est né sans ambition, agit avec franchise, accueille

les hommes de tous rangs et de toute opinion, s'ils ont moralité et lumières...

Exclusivement occupé de son épouse et d'enfants élevés comme et avec les nôtres, il jouit des bénédictions de la saine classe du public, dont il suit l'inévitable influence....

Ce bon prince n'a point de cour, méprise les courtisans, se console, dans son intérieur, des calomnies débitées hautement et par *ordre*, contre lui, sa sœur et ses frères. La France regrettera toujours les deux illustres infortunés qui quittèrent forcément le territoire... Le vénérable *Pièyre* n'a jamais flatté ; il peut peindre la Princesse *Adélaïde*...

Monseigneur, que l'on déchire, comme on déchirait *Louis XII*, n'est économe que pour lui ; la duchesse et sa sœur en font de même. Ils donnent en chrétiens, derrière le rideau, et ont soin des anciens militaires... Ils ne peuvent vous utiliser que dans leur maison ; leur recommandation près le ministère est un moyen infaillible d'être évincé ; adressez-vous donc à eux-mêmes.

M. le marquis de *Villette*, qui m'a fait l'honneur de m'écrire relativement à ma lettre du 26 mai dernier (*Faits*, page 16, 2.ᵉ éd.) a daigné faire consigner (page 10, *ibid*) ce que vous lui avez marqué, le 21 du même mois. Le fils de *Belle et Bonne* (p. 4, *Ib*) doit être serviable ; ne pourrait-il pas parler de vous à M.ᵍʳ le Prince de *Condé*, qui partage la sollicitude de son neveu pour les soldats de votre âge ?...

On fait avaler bien des couleuvres au sage, qui répond à tout par le silence et par une conduite qui n'échappent point aux observateurs. La Duchesse ne sait faire que le bien, et rassurer son monde par des mots aimables... Elle a dit à madame de *Genlis : Je n'aime rien tant que vos élèves et vos ouvrages...* Voilà comme les épouses vertueuses parlent de maris dignes d'elles...

Place du Montacardon, n.º 7.

Jeanne Coquerel Trudin.

Résumé et Conclusion des 26 pages précédentes.

Non ; *C. de Villette* n'a point, lâche déserteur de la cause sacrée de l'infortune, flétri son caractère et sa vie. Sa célèbre compagne reçut de l'auteur de la Charte (en ma présence) d'éclatantes preuves de satisfaction sur un noble et ferme caractère développé à la tribune conventionnelle. Que son fils, honoré des regards de l'unique rejeton des *Condé*, n'invoque point l'autorité judiciaire contre des énergumènes condamnés à ne jamais se douter de leur perversité. Qu'il laisse à celui qui consacra

(21)

la loyauté de son père le privilége de démontrer qu'il n'en a imposé ni à la postérité ni au Roi-Législateur.

Ce monarque aurait-il permis que l'autorité de son *nom* servît de passe-port à des impostures de complaisance ? C'est le seul ouvrage relatif à 92 et à 93 dont il ait agréé la dédicace, parce qu'il savait que l'historien avait *voilé* le *mal* et *montré* le *bien*, et qu'en faisant allusion aux fautes, il s'était fait une loi de rappeler tout ce qui pouvait les pallier.

Oublions *Cromwel, Lambert, Vane, Harisson* et *Ludlow.* Voilons tout ce qui peut éterniser les haines ; enfants du même DIEU, nés sur le même territoire et sujets du même Prince, *aimons-nous;* la Nature, la Religion et le Roi nous en font un doux précepte.

Ne rendons pas les fils solidaires de la *terreur* inspirée à leurs auteurs. L'historien contemporain et témoin impartial à la barre de la postérité ne doit dire que la vérité, sans articuler toutes les vérités qui amenèrent souvent la guerre civile.

1. — La réputation d'un *ami* ne peut être indifférente à un vieillard sensible : on vient de citer les FAITS qui militent en faveur de *C.* de *Villette.*

2. — Ils justifient d'*autres* personnages.

3. — En se réduisant au pénible rôle de *se* transcrire, on a vu un NOM dans la plus haute sphère. Ne lui doit-on pas la vérité, malgré la crainte de paraître flatter la grandeur, et malgré celle de déchaîner les passions et de s'inscrire en faux contre des productions rééditionnées et commentées par les mêmes dissidents, après 37 hivers ?

Faut-il être injuste pour flatter les êtres haineux ? Non. Puisse une voix, qui n'est pas inconnue au *Français* (pour lequel on veille à son insçu), faire cesser les absurdes déclamations dont il est la victime ! Puisse une branche brillante et féconde consoler son auguste Chef en l'imitant ! Un concert de témoignages désintéressés venge ceux qui, comme leur Mère, continueront à faire le bien, dont le Ciel leur offrira l'occasion pour récompense.

Nantes, (Loire-Inférieure) 25 *juillet* 1830, Le Ch.^{er} F.-N. de FOULAINES, rue de la Rosière, n.º 4.

Les chapitres II, III et IV, annoncés, page ij, de l'*Introduction,* seront sous presse dès que le soussigné aura les renseignements et les observations critiques qu'il s'est fait un devoir de solliciter.

Nantes, 14 avril 1831.

J.-M. POULAIN-LAFURTIÈRE.

TABLE.

Imprimerie d'Hérault , rue de Guérande , à Nantes.

www.ingramcontent.com/pod-product-compliance
Lightning Source LLC
LaVergne TN
LVHW012321050726
842524LV00004B/1538